To my wnil

To an enc d!

left me discu

May more serendipity come
our way.

xx Alix

Le parfait livre
des poèmes imparfaits
Être humain

Alix Rimailho

Le parfait livre des poèmes imparfaits

Être humain

Recueil

LE LYS BLEU
ÉDITIONS

ISBN : 979-10-422-3775-2

Cher lecteur,
un grand merci pour me lire,
tout simplement.

J'ai rassemblé dans ce premier recueil toutes les écritures automatiques qui me sont venues chaque matin entre septembre 2023 et novembre 2023, après ma session de yoga et méditation. Les poèmes n'ont pas été retouchés. L'écriture automatique consiste à laisser les mots venir sans les juger, sans l'intervention du mental logique et analytique. Laisser le verbe se coucher sur le papier sans en comprendre vraiment le sens. Écriture automatique qui, déguisée, laisse un message. Pour soi, à soi. Je vous ouvre les portes de mon monde intérieur, de mon intimité. Un message rempli de sagesse, de colère parfois, ou encore un message mystérieux, qui, plus tard, fera sens. Il n'y a pas d'ordre pour la lecture des poèmes. Ils se lisent à l'ouverture aléatoire du livre. Bonne lecture. Et un grand merci à vous lecteurs de prendre le temps d'entendre ma voix.

Un mot me vient et je deviens.
Il n'y a pas d'ordre.
Ouvrez la page et laissez-vous bercer par le divin message.

Le bonheur est dans la simplicité. Le plus dur est de l'accepter.

Dans l'imperfection réside la beauté.

J'ai un rêve[1]

Je rêve qu'un jour, nous agissons avec amour plutôt qu'avec peur.

Je rêve qu'un jour, nous sachions tous écouter
Écouter, non pour répondre, mais pour comprendre
Écouter, non avec la tête, mais avec le cœur

Je rêve qu'un jour, les yeux voient ce qui est, les oreilles entendent ce qui est, et le cœur ressent ce qui est
La cacophonie des pensées se taira pour enfin entendre la voix subtile, cette voix intérieure, la voix de l'amour
Les cœurs s'ouvriront pour enfin écouter les émotions et suivre leur sagesse

Je rêve qu'un jour, tout le monde comprenne que tout n'est que croyance

Je rêve qu'un jour, chacun ait le courage d'affronter ses peurs et de guérir ses blessures, pour enfin goûter à la liberté d'être

---

[1] *Poème initialement écrit en anglais, inspiré du discours de Martin Luther King « I have a dream ». Version en anglais à la fin du carnet.*

Je rêve qu'un jour fleurira la conscience que la véritable force ne se dissimule pas derrière des remparts, mais dans le partage de nos vulnérabilités

Je rêve qu'un jour, chacun s'ouvre à l'inconnu

Je rêve qu'un jour, chacun trouve l'équilibre entre le faire et l'être

Je rêve qu'un jour, chacun fasse l'expérience de la profonde beauté et merveille que la vie a à offrir

Je rêve qu'un jour, l'humanité soulage sa souffrance et comprenne que le véritable bonheur se trouve dans l'appréciation de chaque instant sur le chemin

Je rêve qu'un jour, nous réalisions que la vie est vécue à travers une multitude de perceptions, et en respectant et écoutant ces perceptions, notre esprit et notre cœur s'ouvrent davantage

Je rêve qu'un jour, il ne s'agisse plus de compétition, mais de vivre ensemble

Je rêve qu'un jour, nous comprenions tous que le problème n'est pas chez les autres, mais en nous-mêmes

Je rêve qu'un jour, nous cultivions tous la compassion, en particulier envers nous-mêmes

Je rêve qu'un jour, nous exprimions tous nos vérités

Je rêve qu'un jour, nous nous acceptions tous tels que nous sommes

Je rêve qu'un jour, chaque talent individuel soit libéré pour le bien de tous

Je rêve que chacun trouve son « pourquoi » pour effectuer les changements nécessaires dont nous avons désespérément besoin

Je rêve que chacun devienne le Martin Luther King de sa propre vie

Je rêve qu'il ne s'agisse pas de milliards d'êtres humains, mais d'une seule humanité.

J'ai de nombreux rêves, comme vous.

Réalisons-les.

Le bonheur et la liberté sont à portée de main.

Ne les écartons pas.

Acceptation

Accepter
Accepter les choses telles qu'elles sont
Accepter les émotions telles qu'elles nous viennent, sans jugement
Accepter que tout existe par besoin d'exister
Ne plus juger
Ne plus punir
Ne plus blâmer
Il est dur d'accepter
Car pendant longtemps on a résisté
Mais ce qui est encore plus dur
Est de résister
Quand on s'ouvre à l'acceptation de ce qui est, de ce que l'on est, on ouvre le cœur à la vie, à la magie,

Parfois elle se cache dans les profondeurs de l'inconscience
Il faut d'abord aller chercher ce besoin
Le mettre à la surface de la conscience et de la connaissance
Et puis rechercher la pensée qui empêche d'accepter

Accepter, c'est s'ouvrir à la compassion envers soi-même
Pourquoi refuser une telle aide ?

La colère

La colère, libératrice quand elle est exprimée
Je suis en colère
Je suis en colère
L'expression d'un besoin
L'énergie, la puissance
La colère est belle
Garder cette puissance à l'intérieur est destructrice et source de souffrance
L'exprimer c'est avancer
C'est faire un pas plus près de sa réalisation
C'est se respecter
C'est de l'amour de soi
L'exprimer, c'est permettre à l'autre de comprendre
L'exprimer, c'est mieux se comprendre
L'exprimer, c'est s'aimer
L'exprimer, c'est grandir
Ne restez pas dans cette cocotte-minute prête à exploser
Exprimez-vous avec le cœur
Aimez-vous avant tout.

Alignée

Le vent a tourné
La brise d'été aiguise de nouveaux sens
Tu as trouvé
Dans la manne voilée
Ton vrai sens
À mon cœur qui vibre
À ma voix qui bat
Je suis, tu es
Nous sommes enfin réunies
Quand je te vois
Tu me ressens
Quand je te ressens
Tu me vois
Ô mon délice de tous les supplices
La nouvelle voie est tracée
Chaque marche nous amène
Ensemble vers notre destinée
L'amour, l'amour, l'amour
Ô bien jamais tu es
Les larmes me montent
De joie, de tendresse, de tristesse
Adieu ce que j'ai été
Bonjour ce que je deviendrai
Ensemble vers notre destinée
La gorge nouée
Le cœur lancé
La peur ne peut nous arrêter
Ensemble, l'amour est notre destinée.

La puissance de l'ego

L'ego est mon entrave
L'ego est mon bourreau

Quelle puissance ! Dans la poussée et la résistance !
Incertitude
Un mur de béton
Solitude
Dissimulée
Gardée captive

Rompre les chaînes qui nous lient à notre bourreau
Démolir le béton pour gagner la liberté
De l'inflexible au flexible
Retrouver la légèreté
Se dépasser
Ne plus résister

Ô Ego, agis avec moi et non contre moi
Sois l'élan et non le frein
Sois la confiance et non la méfiance
Choisis le bon combat
Tu es le moteur de mon âme
Tu es mon compagnon suprême
Guéris tes blessures
Ouvre-toi à une autre voie

Ensemble nous pouvons franchir tous les caps
Opposés nous restons enfermés
Retrouvons-nous
Arrêtons de nous battre

Ce conflit intérieur m'est trop pénible
Dans l'harmonie, je ne peux seulement avancer

Écoute-moi je t'en prie
Écoute ma voix
Écoute ma douleur
Écoute ma peur
Écoute-moi
Je t'en prie
Ensemble trouvons la paix.

Jolie matinée

Jolie matinée ensoleillée
Que vois-je au loin
La beauté
L'instantané
La bonté non doutée
Il n'y a pas de mirage
Regarde de plus près
Regarde sans penser
La beauté est née
N'oublie pas de respirer
L'air est clair
Le soleil réchauffe
Tout est calme
Le temps d'un instant
Respire
Respire
Tous les jours je renais
Plein d'amour
Plein d'espoir
Avec sérénité
Patience du chemin éveillé
Chaque jour est une opportunité
Chaque jour est une aubaine
De s'élever
Chaque jour je me rapproche
Illuminée.

À mon peuple, mon peuple français

Irréligieux et religieux
Sceptique des sceptiques
Spiritualité oubliée
Spiritualité bafouée
Spiritualité enfouie
Spiritualité décapitée
Réveillons-nous !

Nous Peuple des Lumières
Nous Peuple de la fée électricité
Il est temps de reprendre le chemin de la lumière
Pour, à nouveau, s'élever
Peuple des lumières
Éveillons-nous

Le sommeil a trop duré
La seule fatigue est celle de notre déni
Élevons-nous

Allons chercher la lumière
Allons chercher le courage
Allons chercher la nouvelle humanité
Révolutionnaire de chair
Réveillons-nous

Créons
Rassemblons
Pour une seule cause : le bonheur

Il n'y a pas de réalité sans utopie
Il n'y a pas de changement sans renoncement
Il n'y a pas de créativité sans destruction
Détruisons par le cœur et non par la rancœur
Apprenons de nos erreurs
Il n'y a pas de construction sans déconstruction
Déconstruisons ces croyances démodées
Utilisons notre colère pour avancer et non pour reculer
Utilisons notre souffrance pour trouver la paix, non la violence
Utilisons notre jugement pour trouver la compassion, et non la condamnation
Réveillons-nous
Pour cette nouvelle révolution
Sortons de nos peurs
Pour construire un avenir meilleur
Trouver le courage pour éloigner la rage
Recentrons-nous
Réunissons-nous
Pour quitter la honte, la culpabilité, la peur et la colère
Pour gagner la joie, la paix et le bonheur

Une attitude et des actes
Alignés sur une seule valeur
L'amour
Bonjour révolutionnaire de l'Amour
À nous !

Une vie dans le contrôle

Une vie dans le contrôle
Une vie où tout est réglé et minuté
Une vie où il n'y a pas de place à l'espace
Une vie où respirer doit se planifier
Une vie sous la pression du temps
Une vie, où, à l'avance, tout est déjà décidé
Cette vie n'est pas une vie

Vivre dans le contrôle
C'est vivre dans l'ignorance de la beauté de l'existence
C'est se priver de l'Amour dans toutes ces expressions
Vivre dans le contrôle c'est dire adieu aux simples plaisirs
Vivre dans le contrôle ne fait qu'accroître les résistances
C'est une vie sous l'emprise de la souffrance

Une vie contrôlée
Une vie dérobée

S'ouvrir à l'imprévu
S'ouvrir à l'inconnu
Chaque jour l'Amour est exprimé
Chaque jour il ne faut le rater

Il ne faut pas oublier la pure magie
La pure magie de l'existence
Une vie faite d'expérience
Par la simple présence

Laisser la place à l'imprévu
Accueillir l'inattendu
Le cœur grand ouvert
Pour s'ouvrir davantage

Une vie dans le contrôle est une vie confinée derrière une porte clôturée
Allez chercher la clé
Déverrouillez-la et franchissez son seuil
La vie ne fait que commencer

Liberté.

La honte

Que dit la honte ?
Cette honte d'être sans même faire
Elle me dit de m'accepter
De m'accepter tel que je suis
Il m'est si difficile pourtant
Le regard perçant de chaque instant ne fait qu'augmenter la crainte de creuser plus profondément ma blessure

La honte m'enchaîne
La honte m'inhibe
La honte me cache
La honte me tait
Je ne suis plus que fatiguée de rester dissimulée
La honte est ma prison
Prison de ce Moi qui pourtant m'est si cher, car si beau

Comment se libérer de la honte ?
Comment tout accepter ?
J'attends tellement que les autres l'acceptent d'abord
Mais qui peut accepter ce qui n'est ?
Je passe à côté de ma propre existence

Se libérer du jugement des autres
Telle est ma grande difficulté
La peur d'être critiquée
La peur d'être moquée
La peur d'être isolée
La peur de ne pas être aimée

La blessure est profonde
Me dit-on, elle est même sacrée
Je prie alors aujourd'hui pour ma guérison
Pour que cette plaie ne soit plus qu'un lointain horizon
Pour enfin m'accepter
Dans ma totalité.

Bouteille à la mer

Océan de tous les temps
Ta force m'émeut
Ton sourire m'apaise
Ton ventre me nourrit
Océan, tu me berces
Océan, tu me consoles
Océan, tu me procures de la joie
L'Océan, c'est comme une danse
Une danse avec toi

Le velouté de ta mousse
Le goût iodé de ta chair
La force de tes courants
Tu es tellement grand

Quand je m'élance
Je te fais confiance
Chaque pas est une leçon
Un rappel de la fragilité de mon existence

J'aime ta danse
J'aime ta puissance

J'aime tes couleurs
J'aime ta brise embrumée
J'aime ta douceur
J'aime ton goût salé
J'aime m'y voir flottée
Ensemble nous dansons
Dans l'énergie de ta danse
Océan, je t'aime.

Douceur de l'instant

Innocence d'un instant
Sagesse éternelle
Bien-être latent
Extase
Onctuosité de l'air
Remplis mon cœur
Sérénité
Douceur de vivre
Inspire
Expire
Chaque bulle d'air est une divinité
Chaque rayon de lumière est la fée réincarnée
Sensation de paix
Simple présence
Juste le fait d'être là
Apprécier l'air qui gonfle les poumons
Apprécier l'amour qui nourrit mon corps
L'amour qui nourrit mon âme
Je suis bien
Juste là
Beauté de l'instant présent.

L'étoile

Toi qui brilles dans le ciel
Toi qui vibres
Toi qui es si loin
Toi qui déjà n'es plus

Tu es lueur
Tu es espoir
Tu es lumière
Tu es mon vœu le plus cher
Tu es ma joie
Tu es ma loi

Toi étoile
Prends soin de moi.

Écouter

Qu'est-ce qu'écouter ?
Si ce n'est tendre l'oreille
Sortir de sa tête
Pour rejoindre son cœur
Et trouver le bonheur

Écouter
Écouter des voix,
Écouter sa voix,
Écouter son cœur
Tel est le bonheur

Écouter sans juger
Écouter sans penser
Écouter sans vouloir aider
Écouter sans répondre
Écouter tout court
Être là

Écouter pour comprendre
Écouter pour s'ouvrir
Écouter pour se nourrir
Écouter pour grandir

Écouter avec un grand cœur
C'est ça savoir écouter
Allez chercher le bonheur
Ouvrez votre cœur.

Les règles du jeu

Un jeu si pur, un jeu si dur, un jeu azur
Un jeu avec des milliards de joueurs
Un jeu à joueurs milliardaires
Un jeu sans foi, un jeu sans loi
Un jeu divin, un jeu sans fin
Il n'y a pas de miracles
Il n'y a que du mystérieux
Il n'y a pas de solstices sans équinoxe
Un jeu où choisir semble fastidieux ou bienheureux
Un jeu à plusieurs étapes, à plusieurs caps
Certains paraissent interminables
D'autres sont déjà regrettés pour leur courte durée
Mais ce sont les plus durs, qui nous font avancer

Franchir un cap pour grimper un nouveau pic
Il faut parfois descendre pour aller plus haut
Choix difficile à prendre, choix difficile à accepter, car on s'est attaché
Attaché à notre effort
Attaché à notre confort
Tout ça pour ça ?
La frustration, la colère montent alors
À quoi bon !
L'abandon nous effleure
Mais dans notre cœur, il y a toujours cette lueur
Lueur de la vie, lueur de curiosité

Lueur d'espoir, lueur de bonté
Lueur du cœur

Alors on continue, on descend pour mieux remonter
On découvre la patience, leçon que, pour certains, prend du temps à intégrer
Puis un autre cap est franchi, qui nous laisse tout éblouis
Ébloui de lumière
Ébloui de mystère
Piqué par le sentiment d'extase
La soif de la vie est agrandie
Tel un enfant innocent découvrant la vie
Mené par une énergie inouïe
On mord encore plus profondément à ce jeu qu'est la vie
Tiré par une curiosité inégalée, rien ne peut nous arrêter
Pour apprécier chaque instant de magie
Savourons chacun de ces apprentissages sur le chemin de la vie.

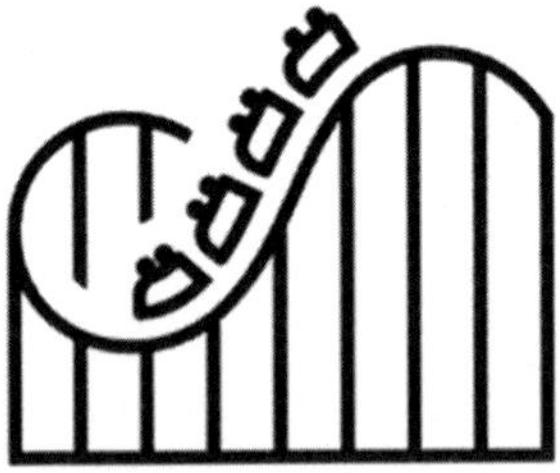

La peur

La peur saisit,
La peur endort
La peur pétrifie
La peur fige le corps
Comment te contourner, comment te braver, toi dont la force semble éternelle ?

Peur du matin
Peur du dimanche soir
Peur de tous les jours
Peur inconsciente
Tu me contrains dans un monde qui n'est pas le mien
Je suffoque, je péris
Comment me libérer ? Comment respirer ?

Peur des petits riens
Peur avec un grand P
Quand vas-tu te dérober ?
D'où viens-tu ?
Où as-tu trouvé racine ?
Quitte-moi, quitte mon corps, quitte mon esprit frondeur

Aujourd'hui, j'ai décidé de confronter mes peurs
Les petites, les grandes, les insurmontables
J'ai poussé la porte
Ô grande peur
À ma surprise, derrière se cachait
Le bonheur

Sortir du confort
Sortir de la bulle confinée
Explorer hors de l'espace emmuré
Agrandir la zone
Dépasser l'obstacle, ne pas y penser, ne pas le regarder
Parfois il me faut plusieurs prises
Parfois il me manque la foi

C'est épuisant
C'est éreintant
Mais la récompense me comble
Effaçant ainsi toutes mes excuses

Pousser la porte de la peur
Trouver le bonheur.

La peur du jugement des autres

Une peur qui me hante, qui me pèse, qui me terrifie
La peur du jugement des autres
Je la sens là, présente à la racine de ma gorge
Comme un poids ancré à jamais
Un mot prononcé me coûte
Suis-je décapitée ?
Telle est la sensation

Il vaut mieux cacher mes mots
Cacher mes sentiments
Cacher mon ressenti
Cacher mes opinions
Dans cette vie cachée, je me sens en sécurité

Mais à l'intérieur, je brûle
Les mots s'accumulent
Bientôt je n'aurai plus de place
La vanne doit s'ouvrir pour faire surface
Mais j'ai peur, je suis terrifiée

Exprimer, m'exprimer,
À quelle sauce va-t-on me manger ?
Dire ce que je pense
Partager ma vulnérabilité
Comment y arriver ?
Va-t-on m'aimer ?
La peur du jugement des autres
La peur de la critique
La peur de ne pas être aimé.

Les larmes I

Les larmes coulent
Les larmes sèchent
Les larmes sont belles

Elles glissent sur la peau
Elles illuminent les yeux
Elles pansent les plaies

Larmes de tristesse
Larmes de tendresse
Larmes de joie

Cœur brisé
Souffrance libérée
L'eau coule
La tristesse s'écoule

Savoir l'écouter
La douleur pèse
La douleur saisit
Ouvrir les vannes
Laisser couler les larmes
Guérir ses blessures

Qu'elles sont belles !
Accueillons-les avec joie !
Reconnaissons leur vertu
Apprécions chaque larme
Comme une médecine du cœur

Ne plus se cacher, ne plus se retenir
Ne plus avoir honte
S'autoriser à pleurer
Être fragile

Pourquoi se priver d'une telle beauté ?
Savourez l'instant qui suit
Où calme et paix sont enfin retrouvés

Chagrin du matin
Chagrin tout court
Accepter, accueillir, laisser aller.
S'offrir une renaissance
Pourquoi s'en priver ?

Les larmes II

Les larmes sont belles
Les larmes m'enchantent
Les larmes me soignent

Parfois les larmes restent sèches
Emprisonnées dans un cœur qui a trop peur
Peur de se montrer dans sa vulnérabilité
Peur du rejet
Alors le cœur est submergé, prêt à se noyer

Tel un barrage prêt à déborder
Il y a la goutte en trop, la goutte qui n'a pas de place
La valve s'ouvre
Le torrent s'écoule
Enfin la paix est retrouvée

S'ouvrir aux larmes
Les accueillir
Les bercer
Les aimer

Apaiser la souffrance
S'offrir une renaissance
Pourquoi s'en priver ?

Pensées

Pensées flottantes, pensées dormantes
Pensées enivrantes, pensées incessantes,
Pensées tumultueuses
Quand serais-je libérée ?
Une est chassée
Une autre toute de suite retrouvée
Ma tête bourdonne
Les pensées se croisent
La paix s'éloigne

Comment arrêter cette cacophonie mentale ?
Y a-t-il un bouton d'arrêt pour me laisser respirer ?
Emprisonnées dans une spirale infinie
Comment trouver la sortie ?
Briser la boucle
Relâcher la rigidité
Flexibilité mentale
Trouver une nouvelle porte
Pour ouvrir l'esprit

Je suis maître de moi-même
Je suis maître de mes pensées
Pensées négatives, pensées positives
Pensées oubliées
Pensées elles ne sont plus
Calme
Esprit dépollué
Présence retrouvée
La vie peut commencer.

Pensées II

Les pensées sont envahissantes, bien trop présentes
On me dit de vider ma tête
Excusez-moi, mais je ne comprends pas
Comment vider une tête bien trop pleine
De pensées incessantes, liées par un fil infini ?
Une part, une autre vient
Un germe prend racine
Pour donner naissance à une seconde, puis une troisième
Une histoire est ainsi créée
Une histoire qui m'angoisse, une histoire qui me fige
Pourquoi l'histoire est-elle toujours négative ?

Écrivons une autre histoire
S'ouvrir l'esprit, voyager, écouter, s'intéresser
Simple curiosité
Sortir de sa perspective
Sortir de son opinion
Prendre du recul
Changer de point d'observation
Ouvrir l'esprit

Quittez une vie confinée
Pour enfin apercevoir les opportunités
Ouvrez-vous
Regardez, écoutez, échangez sans juger
Découvrez une autre réalité
Peu à peu la conscience s'agrandit
Le bien-être devient réalité.

Jamais seule

Je suis vidée
Je n'ai plus d'idées
Écriture sans rature
Viens me retrouver
Sans toi, qui suis-je ?
Sans ta voix, je ne vois pas le paysage
Reviens-moi, je t'en prie
Ne me laisse pas ainsi

Peur d'être seule
Peur de ne pas trouver ma voie
Peur de rester piégée
Dans une vie enfermée
Je ne trouve pas ma communauté
Comment ? Aide-moi
Tellement de mois
Rien, aucune graine n'a germé
Quels choix dois-je changer ?
Retire ce voile qui m'aveugle
Aiguille-moi
J'ai besoin de ta compagnie
Ne plus être seule et isolée
J'ai besoin de grandir

J'ai besoin de m'épanouir
J'ai besoin d'amour

Où êtes-vous ? Trouvez-moi s'il vous plaît
Je ne suis plus cachée
Je suis présente
Je vous attends
Ne tardez plus
À mes amis, je vous attends.

« Il nous a quittés »

Les mots ne coulent plus
La froideur de l'instant a gelé ma pensée
La nouvelle m'a saisie
Je reste figée telle une statue
Que s'est-il passé ?
Comment ? Quoi ? Ce n'est pas possible
Les mots ne peuvent être vrais
Mon regard se vide
Je me retire de la réalité
Le corps se gèle
Le cœur est frêle
Le visage blêmi
Ce n'est pas possible
Il n'est pas parti
Déni
Déni de l'instant
Déni du moment
Je reste figée dans ma salle à manger.

Toi

Tu es lumière
Tu es la grâce
Tu es la beauté
Tu es l’étoile qui brille
Tu es, tu es
Va, vis, deviens
Éclaire ce monde
Élève les âmes
Sois le berger de la terre
Prends soin de toi
Prends soin des voix
Va, vis, et deviens.

Le cœur

Le cœur plein, le cœur vide
Le cœur blessé
Le cœur brisé
Le cœur ouvert, le cœur fermé

Organe des organes
Énergie des énergies aux blessures invisibles
Équilibre des équilibres
Tu es grâce,
Tu es grimace
Cœur, lumière, foi
Tout est lié
Tout est connecté
À jamais

Perspectives

Il n’y a point de bonheur sans erreurs
Il n’y a point de joie sans mauvaise foi
Il n’y a point de jouissance sans souffrance
Toujours regarder vers l’autre polarité

Prendre une autre perspective
Se tourner vers une autre vision, vers un autre point d’horizon
Tout est relatif
Tout est évolutif
Tout est perméable et interchangeable
Froissé, vexé, on reste coincé
Mais à quel tort
Faire un pas
Faire un pas, à gauche, à droite
Peu importe
Changer d’horizon
Ouvrir son esprit, ouvrir son cœur
Changer son humeur
Ne pas rester enfermé
Ne pas rester cloîtré
Dans un champ à une seule vision
Chaque matin
Prendre un nouveau chemin

Pour que chaque matin
La lumière puisse briller
Pour que la lumière naisse, traverse et illumine
Ce dont on a toujours cherché
Changer de perspective
Pour trouver sérénité.

La poésie d'une journée

Hier était une belle journée
À chaque pas, beauté
Ouvrir la cage d'un monde sans cage
S'ouvrir à l'étrangeté
S'ouvrir à la vie
Donner, recevoir
Aujourd'hui est une belle journée
Étrangeté du moment
Perplexité, questionnement,
N'est-il pas bizarre ?
Coïncidence
Est-il vrai qu'il n'y en ait point ?
Étrangeté du moment
Beauté de l'instant.

La nuit noire

Le fond est sombre
Je ne vois rien
L'écran est éteint
Pas une lumière
Pouvez-vous éclairer ?
Ils me disent qu'ils voient
Derrière
Moi je ne vois rien
Pas une image
Pas une couleur
Rien
Il faut s'entraîner me dit-on
Je m'entraîne
Enfin, j'ai l'impression
Mais toujours rien
Jusqu'à un beau matin
Ou peut-être une après-midi
Plongée dans un sommeil éveillé
Les images me sont apparues
Rapides, incompréhensibles
Changeantes
Défilent dans l'inconnu
Géométries, lumières, images de la vie sur Terre
Arrêt sur image
Suis-je en train de rêver ?

L’intention

L’intention d’une vie
L’intention d’une envie
Visualisez pour se réaliser
Vraiment ?
Pour moi ça ne marche pas
L’intention doit être pure
L’intention doit être vraie
Pour se réaliser
Pour que la magie s’opère
Trouver sa vérité
Tel est le premier travail
Pour se réaliser
L’intention doit venir du cœur
L’intention doit venir des profondeurs
Elle n’est pas celle de l’ego
Elle est celle du divin
Pour que la magie s’opère
L’intention doit être pure
L’intention doit être vérité
Recherche de vérité
Recherche de son âme
Trouver la divinité cachée
Telle est la nature de l’intention.

Étoiles dorées

Ciels étoilés
Lumière du ciel
Avatar non dévoilé
Trouver son chemin
Éclairer son étoile
Allumer la flamme
Flamme discrète
Flamme invisible
Flamme frémissante
Flamme timide
Nichée dans son sein
Petite lueur deviendra grande
Pour mon cœur
Pour mon bonheur
J'aime ta lumière
J'aime ta chaleur
À jamais dans mon cœur.

Oscillations

Oscillations horizontales
Oscillations verticales
Oscillations infinies
Oscillations de l'infini
Rien n'est linéaire
Tout est courbe
De haut en bas
Du nord au sud
De l'est à l'ouest
Du positif au négatif
Du fort au faible
Rien n'est linéaire
Tout est courbe
Accepter la fluctuation
Pour apprendre, pour grandir, pour devenir, pour s'épanouir
Rester calme
Observer
Accepter.

Regarder amusé
Dans quels beaux draps je suis !
Ce ne sont pas des ennuis
Ce sont des leçons
Qu'il nous reste à apprendre
Accepter les bas comme les hauts
Accepter les contrariétés pour s'en échapper.

Destinée

Choix sacré
Âme royale
Âme idéale
Joie innée
Innocence
Le chemin nous trouve
Même désorienté
Il secoue, il remue nos blessures
Mais ce n'est que pour nous redresser
Nous remettre sur la bonne route
Égaré on était
Rien ne peut être imaginé
Tout se vit dans l'instant
Dans la minute éternelle
Ni passé, ni futur, ni présent
L'éternité
Une destinée.

Trouver sa voie

Trouver sa voie
Dure réalité de l'existence
Dans un monde plein d'ignorance
Trouver sa voie, trouver son chemin
Dépasser la distance
La vie nous saisit
Elle nous arrête
Elle nous regrette
Ouvrir les yeux
Écouter le cœur
Telle est la grande demande
Trouver sa voie
Chercher sa boussole
Suivre les aiguilles
Qui nous amènent à notre chemin du bonheur
L'aiguille dit Nord
Alors que la Raison nous indique le Sud
Difficile d'y croire
On ne comprend pas
Courage,
Faire confiance
Faire confiance à un destin inconnu
Telle est la leçon de l'existence

Suivre sa boussole
Sans questionnement
Sans doute, sans pensées
Tel est le jeu de la réalité
À qui suit sa boussole intérieure
Trouve le bonheur.

La parole libre

Comment t'atteindre ? Comment t'entendre ?
Liberté du mot, liberté du verbe
Se détacher du mot acquis
S'approprier son propre son
Prendre conscience de la fausse identité
Portée sur tant d'années
Nous avons appris à parler
Grâce à une voix, maternelle, paternelle
Par la répétition
Mais ceci n'est pas notre voix
S'en défaire
La quitter
Pour trouver sa propre voix
Apprendre une nouvelle langue
Un langage impersonnel
Un langage sans connotation
Chercher sa voix
Pour définir sa vérité
Fusionner avec sa vraie identité
Telle est la mission du langage
Dire sa vérité
Pour connaître la liberté.

Lumière

Lumière, elle s'est évaporée
Lumière rosée, lumière orangée
Instant divin qui éclaire mon matin
Le ciel est clair
Le soleil m'éclaire
La lumière réchauffe les températures hivernales
Douce matinée
Instant divin qui éclaire mon matin
Lumière qui réchauffe
Ensemble nous ne formons plus qu'un
Apprécier, seulement observer
Ressentir ses effets
Pour recueillir la bonté
Lumière divine
Lumière câline
Lumière orangée
Ta présence m'éblouit
Ta présence m'accomplit
Merci, merci
Chaque matin, un nouveau chemin.

Souffrance

Souffrance incarnée
Souffrance qui déchire
Souffrance de mes chairs
Souffrance de mon cœur
Comment trouver le bonheur ?
Souffrance de mon enfance

Souffrance discrète, mais infiniment présente
Se cacher pour ne pas heurter
Impossibilité de partager
Encaisser
Ne pas se dévoiler

Cœur qui souffre
Cœur qui pleure
Larmes silencieuses
Larmes invisibles
Restées coincées dans la gorge
Rien ne sort
Pour ne pas accroître la souffrance des autres autour
Déchirure intérieure
Elle se creuse
Comment y remédier ?

Écouter son cœur
S'exprimer
Exprimer sa douleur
Prendre soin de soi
Pour ne pas couler
S'écouter
Écouter sa souffrance
Se laisser pleurer
Ne plus se cacher
Accepter

Sans souffrance, il n'y a point de paix
Sans souffrance, il n'y a point de compassion
Sans souffrance, il n'y a point de héros
Sans souffrance, il n'y a point d'ego
Sans souffrance, il n'y a point de création
Sans souffrance, il n'y a point de joie
Sans souffrance, il n'y a point de soi
Sans souffrance, il n'y a point de solidarité
Sans souffrance, il n'y a point de générosité
Sans souffrance, il n'y a point de poésie
Sans souffrance, il n'y a point d'élévation

Accepter la souffrance
La regarder
La chérir
La prendre dans ses bras
Avec compassion
Accepter sans juger
Apprendre à l'aimer.

Patience

Patience n'est pas ma tasse de thé
Bête à cornes
Impatience frondeuse
Je ne connais point le bouton d'arrêt
Mais seulement dans la détente naît la créativité
Inspiration de 4 heures
Inspiration d'un rêve éveillé
Apprendre à se relaxer
Pour se connecter
Patience n'est pas ma tasse de thé
Très vite monte la culpabilité
Culpabilité de l'immobilité
Culpabilité de l'inaction
Sans interaction
Aux antipodes de ce qu'est la vie
Aux antipodes de ce que mon être me dit
Être dans l'action
C'est être dans la vie
Mais pour une bonne action
Il faut une bonne idée
Et l'idée ne vient que dans la relaxation
Donner la puissance dans l'intention
Puis oublier, se détacher de la question
Dans le rien faire alors surgit l'inspiration
Et alors on entre à nouveau dans l'action
Apprendre la patience pour mieux appréhender la création.

Nouveau départ

Prendre un nouveau départ
Croisée des chemins
Tortueuse réflexion
Trouver le commencement
Quitter ce que l'on connaît
Pour connaître l'inconnu
Un nouveau départ
Nourrice de la vie
Curiosité élevée
S'aventurer pleinement
S'aventurer pour rencontrer épanouissement
Le choix cornélien
Au fond la réponse est
Il n'y a pas à tortiller
Depuis le début tu le sais
Fais-toi confiance
Cette confiance est ton compas
Cette confiance a toutes les réponses
Au fond tu le sais déjà.

Émerveillement

Qu’il est bon d’être émerveillée !
Joie intense
Extase
Rires enfantins
Plénitude d’un instant

Énergie du matin

Calme, pas un son si ce n'est ce ronronnement
Je me sens bien
Je me sens belle
Je suis
J'écris
Je suis
Douceur, Lenteur
Fruit de la galaxie
Trouver sans pareil
Un léger sommeil
Énergie du matin
Sens du divin
Résonance absolue.

Compassion

Amour de son prochain
Ressentir pour pouvoir nourrir
Ressentir pour comprendre
Ressentir la souffrance
Vouloir aider
Pour libérer
Pour retrouver la légèreté
La souffrance de l'autre est notre propre souffrance
Quand on s'aide avec amour, on aide son prochain
La compassion, la qualité humaine enfouie, dans chacun de nous.
Certains s'arrêtent à l'empathie et disparaissent dans un donjon sans porte ni fenêtre. Pour ne pas subir.
D'autres bâtissent des remparts, des barrages, des boucliers, des chars pour ne pas souffrir.
Éviter de ressentir la souffrance des autres, c'est éviter d'entendre sa propre souffrance.
Se rouvrir à la compassion commence par ouvrir la porte du donjon, y glisser une main tendue vers le ciel, le cœur ouvert, et profondément reconnaître : je t'ai entendue, et maintenant je t'aime. Tu n'es point seule, je suis là et je vais t'aider.

Crépitement de la flamme

Lueur frêle
Ombre et lumière
Danse mystique
Mèche qui brûle
Éclaire une nuit sans lune
À elle seule, nous donne un spectacle
Sans jamais se répéter
Faisceau lumineux aux différents degrés d'intensité
Feux d'artifice de la flamme
Comme un morse illuminé
Si tu pouvais parler
Gaieté serait ton message.

Le silence

De quoi parler ?
Parfois il n'y a pas besoin de mot
Une présence est suffisante
Le silence
Tant oublié
Pourquoi une telle peur ?
Aucun son
L'absence de création
Le rien, le vide, l'angoisse
Mais une présence
Arrêt sur image
Prendre un moment le temps d'un instant
Savourer le silence
Apprécier sa puissance
Silence porteur
Silence grondeur
Silence qui éclaire
Silence qui endort notre orgueil
Peur du silence
Sur mes pensées
Sur mes états d'âme
Mais le silence est porteur
Le silence calme

Le silence parle
Il nous dit d'apprécier
Apprécier cet instant
Être présent
Pour savourer la beauté de l'instant
Jouer avec le silence
Observer, intégrer, recommencer.

Le flow

Résistances, il n'y en a plus
Les rencontres s'enchaînent
Les coïncidences défilent
Les signes prolifèrent
Sans effort
Tout glisse
Plus de soucis, plus de stress
Une vie qui glisse
Les messages sont là
Il n'y a plus qu'à les lire
Gratitude
Remercier la bonté de chaque instant
Chance inouïe de recevoir autant d'amour
Après tant de résistance, je remercie chaque aide qui ne m'a demandé aucun effort
Tellement bon
Tellement bien
J'ai attendu ce moment depuis si longtemps
J'ai travaillé dur, j'ai cherché sans trouver
Seulement dans le lâcher-prise
Sans plus forcer, sans plus rien attendre
Je l'ai trouvé
Ne plus insister
Faire confiance à l'existence
Faire confiance au chemin qui seul connaît le chemin
Se laisser aller
À la beauté de l'existence.

Qu'est-ce que le flow ?

Une dynamique où tout glisse
Tout semble facile
Contraste avec le temps du difficile
Les résistances ont sauté
Car j'ai abandonné
Clairement je ne sais point où je dois aller
Pour vivre
Pour apprécier la vie
Pour découvrir la magie
Pour se sentir bien
Pour recevoir l'amour
Qui remplit mon cœur un peu plus tous les jours
Être reconnaissant à chaque message
À chaque acte d'amour
Amour est partout
Amour est partout à qui sait le lire, le voir, le ressentir
Le flow c'est vivre en adéquation avec l'amour
On l'accepte, on le reçoit, on le donne
Et tout glisse, tout est facile
Plus de résistance, seulement la beauté de l'existence.

The shadow

La face cachée (de l'iceberg)
La face énigmatique
Elle réapparaît à chaque pleine lune
À la veille de chaque lune féminine
Elle se montre
Elle se dévoile
Elle agace, elle irrite, elle tracasse
Je ne l'aime pas
Cet état d'âme n'est pas plaisant
Je ne l'aime pas
Je me critique
À nouveau ? Encore ?
Puis-je avoir un break ?
Mais elle est tellement utile
Utile pour se connaître
Utile pour s'unir
Utile pour s'écouter
Utile pour nouer avec notre véritable identité
Ne pas l'ignorer
Ne pas la nier
Tout est le travail du shadow
Écouter pour accepter une nouvelle partie de son être
Telle est la fonction du shadow
Mettre en lumière sa part d'ombre pour ne plus rester dans l'ombre
Un peu plus encore, se rapprocher de son essence pure.

L'amour

L'amour divin
L'amour de dieu
Une vie à le comprendre
Aimer ce que l'on ne connaît pas
La définition de l'amour inconditionnel
Aimer le mystérieux
Aimer sans condition
Aimer à tâtons
Aimer aveuglément
Amour de dieu
Concept abstrait, difficile à appréhender
Blocage, peur, peur du divin
Peu importe
Tout peut être dépassé
Il y a dans cette quête une beauté
Une beauté éternelle
À chaque pas plus proche vers cet amour
Le cœur s'ouvre
Et au final il nous le rend en retour
Dans les actes simples de la vie
Un enfant qui nous serre dans ses bras
Un chat qui réclame des caresses et nous les rend avec ce ronronnement vibrant l'amour

Une réponse à chaque question sans effort
Une rencontre que nous avons tant attendue, mais que nous ne savions pas que nous cherchions
Une fleur qui pousse hors saison
Un coucher de soleil qui nous émeut
Une toile qui nous donne ce sentiment de plénitude, de béatitude
On aime sans comprendre
On aime tout court
C’est l’amour inconditionnel
C’est l’amour de dieu.

D_I_E_U

Vision enfantine de dieu
Collée à mon visage
Pensée démodée
Pensée désaxée
Associée à une image d'adolescence
Qui ne fait plus sens
Cette image est pourtant la source de mon blocage
Association erronée
Association hors actualité
S'en défaire
Dessiner ma nouvelle image
Celle qui me parle
Dans la conscience actuelle
Redessiner les traits
Des traits sans visage
Des traits abstraits
Sans figuration
Créer une nouvelle association
Une nouvelle émotion
Une nouvelle appréciation
Se défaire de cette vision
Laisser à l'enfance cette croyance
Définir une nouvelle relation

Appréhender le mot à nouveau
D-i-e-u
D pour dopamine
I pour illumine
E pour écoute
U pour union

Cet air si pur

Cet air si dur
Cet air austère
Cet air amer
Cet air se transforme quand il n'y a plus d'air
Respire
Respire
L'air divin se glisse
Les traits se déplient
Les tensions s'échappent
Le sourire revient

Respire, Respire

Cet air si pur
Cet air si précieux
Cet air si vital
L'air divin qui illumine ton visage
Accueille-le
Reçois-le
Pour qu'enfin ton air rayonne
Ton air est souple
Ton air est radieux
Ton air est doux

La beauté de l’air
Ne pas le négliger
Recharger chaque cellule avec profonde gratitude,
Fontaine divine
Fée cellulaire
Chaque bulle d’air t’illumine.

Réponses

J'aimerais pouvoir trouver les réponses à mes questions. J'avance aveuglément.
Faire confiance à un phénomène dont je ne connais les clés.
Je me laisse guider sans essayer de comprendre.
J'ai laissé ma logique derrière, impossible de revenir en arrière.
La marche est lancée. Il n'y a point de bouton d'arrêt.
Le voyage paraît lent. Le doute n'est jamais loin. Il ressurgit. Il y a la peur aussi. Celle qui est subtile, mais bien présente. Elle trouble ma paix, ma paix intérieure. Elle bouscule mes pensées. Malgré tous mes efforts, elle revient, légèrement moins puissante, mais toujours bien présente. Je ne m'en suis point débarrassée. Peur de suivre une voie sans destination, sans succès, peur de tout perdre, tout ce que j'ai réussi à construire. Mais rien n'a d'importance. Je sais que rien ne m'appartient vraiment, mais je ne peux m'empêcher de rêver. J'ai besoin d'un compagnon de voyage, mais clairement je ne sais point à quoi il ressemble. Je laisse la vie se dérouler. Elle seule sait. Planter une graine de temps en temps.
J'aimerais comprendre davantage
Comprendre les mystères de l'existence
La vérité est encore bien cachée.

La vie

La vie est une merveilleuse création
La vivre pleinement
Tout ce qu'elle offre, en profiter
Dans la joie, l'amour et l'extase
Trouver l'équilibre
Un jour comprendre
Je doute souvent
Me suis-je montée un film ? Est-ce mon imagination qui me joue des tours ?
Est-ce mon ego ?
Je ne sais plus, je suis perdue
J'essaie parfois en vain de tracer un nouveau chemin, un chemin jamais parcouru, une route jamais empruntée
C'est dur
Mais j'y arriverai. Patience. J'ai le meilleur guide et appui que je puisse envisager.
Douceur créative de l'existence.

Blessure d'enfance

Blessure qui pince mon cœur
Cœur déchiré
Cœur brûlé
Cœur à plaie ouverte
Je me renferme comme une huître
Cachée derrière ma coquille, aucune souffrance ne peut m'atteindre
C'est tellement douloureux
Cette blessure au cœur
Je ne peux accueillir celles des autres
La mienne est encore bien trop ouverte
Trop sensible aux malheurs
Blessure ouverte, chaque nouvelle souffrance la creuse
Tellement douloureux
Je préfère rester cachée
Je préfère protéger mon cœur blessé
Retirée du monde
Retirée des douleurs des autres
Pour ne pas sentir
Pour ne pas souffrir
Comment guérir ce cœur blessé ?
Comment puis-je m'ouvrir à la compassion sans que l'empathie absorbe toute la douleur de ce monde ?

Que faire ?
Quelle est ma blessure qui a tant besoin d'être refermée ?
Je veux guérir
Je veux guérir mon cœur pour qu'il puisse être grand ouvert et aider ce monde endolori
Aidez-moi
Guidez-moi
Je veux guérir de tout mon cœur
Je veux guérir cette blessure profonde
Je veux qu'elle cicatrise pour de bon pour pouvoir m'ouvrir au monde.

Le magicien

Oz, Harry Potter, Merlin
Doux moments de mon enfance
Génie d'Aladin
Accomplis mes vœux
Accomplis des miracles
Réalise le merveilleux
Étonne dans ta connaissance du mystérieux
Ébahis
Les cœurs élevés
L'âme enchantée
Les étoiles dans les yeux
Le magicien étonne
Le magicien amuse
Le magicien enchante
Le magicien subjugue
Le magicien intrigue
Le magicien
Tout ce qui peut s'imaginer peut se réaliser
À nous de trouver le magicien en nous
Connecter avec la magie de la vie
Délices subtiles d'un monde invisible
Jouer avec humilité
S'amuser

Rêver
Créer
Réaliser.

L'ouverture du cœur

Difficile d'ouvrir quand la souffrance de chacun se ressent dans mon propre cœur
À chaque douleur, une muraille s'édifie
Me protéger à l'avenir de cette flèche qui me perce
Mais une autre flèche m'atteint
Le cœur pince, aïe ! J'ai mal !
La muraille n'est pas assez épaisse
Je l'épaissis, j'ajoute des pierres
Pierres de glaces
Pierres d'acier
Pierres qui ne laissent plus rien passer
Mon cœur, enfermé dans cette forteresse sans fenêtre
Rien ne m'atteint, enfin insensible
Je suis marbre
C'est ainsi que je me suis coupée de la vie, de la joie, de la beauté, de la magie
Rien ressentir pour ne pas souffrir
Se couper de l'existence, loin de la souffrance.

Avec courage je suis allée retirer chaque pierre. Parfois je ne les vois plus, mais elles surgissent dans la froideur. Alors, mises à nu, je peux les affronter et les ôter. Le cœur s'ouvre peu à peu.

J'accueille enfin les plaisirs simples de la vie. Je réapprends les codes de l'amour.
J'apprends à écouter, j'apprends à aider dans la difficulté, j'apprends à recevoir de l'aide. J'apprends à accepter ma vulnérabilité, ma sensibilité, j'apprends à ne plus me cacher dans ma forteresse. Je parle. Je m'exprime pour que les autres me comprennent, pour que les autres m'envoient leur amour, saisissant afin ma souffrance. Et enfin je reçois, je ressens, l'amour. L'amour s'enfouit. L'amour m'entoure. Mon cœur est grand ouvert.

Accepter sa propre souffrance

On accepte celle des autres, on l'accueille même les bras grands ouverts pour donner notre cœur en réconfort.
Mais la nôtre, celle qui est douloureuse au point de s'en cacher, au point d'en avoir honte : « je ne vais pas leur infliger ma tristesse, ils ne pourraient le supporter », pense-t-on. Alors on reste caché. On l'enfouit. Au point même de l'ignorer, jusqu'à l'oublier.
Mais nous avons tous en nous un être blessé, un être qui souffre, enfant, adolescent ou adulte, il est bien présent et il ne demande qu'à être entendu, à être aimé. Nier son existence est comme nier la souffrance de nos proches. C'est nier le besoin d'amour. C'est ne pas s'autoriser à guérir de nos plaies. Accepter la tristesse, accepter la souffrance pour accueillir la compassion. Telle est notre mission.
Mais il est bien dur de l'accepter me dirait-on !
Comment accepter la raison de notre peine ?
Grande difficulté de l'existence
Elle est là pour me rappeler notre besoin d'amour, que nous passons tant de temps à ignorer.
Amour pour Soi,
Amour de Soi
Compassion envers Soi
Gratitude de Soi
Bienveillance envers Soi
Bercer son cœur
Pour trouver la paix et le bonheur.

Le bonheur

Ah le bonheur
Utopie ou réalité ?
Qu'est-ce que la réalité vraiment ?
Ce n'est pas une utopie
Tout est dans la pensée
Tout est dans le cœur
Ouverture au bonheur
Le bonheur n'est pas un sourire éternel
Le bonheur n'est pas une ligne continue d'expériences heureuses, sans erreurs
Le bonheur est de vivre pleinement
Le bonheur est de choisir d'être la meilleure version de soi-même
Le bonheur est de réaliser la plus belle contribution que l'on puisse donner pour créer plus de beauté, plus de bonté dans notre monde
C'est vivre tout simplement
C'est s'affranchir de ses peurs
C'est jouer
C'est rigoler
C'est se planter
C'est accepter la douleur pour agrandir notre bonheur
C'est aimer
C'est aimer ce qui nous entoure
C'est aimer notre Terre
C'est nous aimer nous-même
Le bonheur est de vivre dans l'amour et non dans la peur

Ce n'est pas un long fleuve tranquille, mais un vrai film à la Hollywood
Où on a décidé de jouer notre meilleur rôle
Le bonheur c'est savoir écouter
Savoir écouter son cœur
À l'écoute du langage du cœur
On prend les décisions sans résistance, sans souffrance
Les décisions qui nous font du bien
Celles qui contribuent tous les jours à nous rendre heureux
Ce sont ces toutes petites actions
Il faut les savourer chaque minute sur le chemin
Tel est le bonheur.

Limites

Frontières
Bien trop poreuses
Bien trop rigides
Trouver le juste milieu
Trouver l'équilibre
Donner sans souffrir
Percevoir sans absorber
Le faire comprendre
Le communiquer
Trouver le juste milieu
Pour garder son équilibre
Pour se préserver
Pour préserver son énergie
Pour prendre soin de soi
Communiquer son besoin
Communiquer sa souffrance
Communiquer sa limite
Communiquer sa sensibilité
Communiquer son hypersensibilité
Tolérance difficile à l'intensité émotionnelle
Ne pas en avoir honte
Expliquer, communiquer
Trouver un juste milieu
Pour vivre mieux
Pour vivre libre
Pour être pleinement qui l'on est.

Psyché

Elle m'emmène, elle me balade
Je divague, je m'évade
Égarée, je me rappelle
De revenir à moi
Au moment présent
Dans mon corps, dans ma tête, derrière mes yeux
Deux, trois, profondément j'inspire
Je me répète
Je suis présente
Dans mon corps, dans ma tête, derrière mes yeux
Deux, trois, profondément j'inspire
Je suis à nouveau avec moi
Cela dure le temps d'un instant
Quelques secondes et puis
Mon esprit divague à nouveau
Une nouvelle histoire commence
Un nouvel épisode se crée
Je ne suis plus présente là où je suis
Une vie parallèle
Une vie imaginaire
Une vie non réelle
Revenir à l'instant présent
Inspirer l'air oxygéné
Réaliser que la vie c'est maintenant
Être dans l'instant présent.

L'idée

J'adore les idées.
Une idée vient, une idée naît
D'où viens-tu idée ?
Elle émerge sans demander
De je ne sais pas, je sais
Ignorante une seconde, éclairée la seconde
Je suis tout excitée
J'ai trouvé, j'ai une idée
De confuse à illuminée
D'inertie à feu affolé
Je me dois de commencer
Je dois appliquer mon idée
Je dois essayer
Surexcitée, les idées s'enchaînent alors
Commence ainsi la créativité
Le feu de lumière embrase mon mental
J'en prends conscience
Je le calme
Je le ramène à l'instant
Je le ramène à la première idée
Je l'ancre dans le concret
Que j'aime les idées
D'où viens-tu idée ?

Souvent tu apparais en méditation
Quand tout est calme
Quand je suis calme
État éthérique
Dans l'immobilité tu apparais
Merci. Merci
Obtenir des réponses ainsi
Quelle chance
Quelle joie
Quelle jouissance
Un vrai moment ludique
Un vrai moment d'extase
Le jeu de l'idée
La chasse aux idées
Seulement dans la détente
Elle vient, elle survient
Savoir faire le vide
Après une grande intention
Savoir se détendre
Méditer
Attendre
L'idée survient.

Subtilité

Invisible, délicate
Concentration ultime
Détente ultime
Ressentir le subtil
Garder l'esprit tranquille
Accueillir avec le cœur

Le subtil
Infime sensation
Ultime concentration
Sensation en rien futile
Effervescence soudaine
Disparaissant au prochain instant

Différencier le subtil de l'imagination
L'esprit calme
L'esprit détendu
L'esprit attend sans attente

Subtil, tel l'air se glissant dans les narines
Ressentir chaque molécule parcourant le long du corps
Ressentir chaque électron circuler le long du tronc

Subtile émotion, subtile pensée, subtile énergie
Toujours présente
Mais extrêmement discrète
Si facile de l'ignorer
Tendre l'oreille encore plus loin
Pour entendre le subtil.

Le rythme de la vie

Aller vite, aller plus vite
Avoir tout, tout de suite, maintenant
Sinon nous ne sommes rien
Sinon nous sommes des moins-que-rien
Produire, Faire
Sans cesse
Sans break
Culpabilité si l'on s'arrête
Tension ultime, hypertension
Toujours aller plus loin pour avoir
Pour avoir plus
Lutte contre le temps
Pourtant
Rien, rien, toujours rien
Pourquoi ?

Parce qu'il faut du temps
Parce que c'est dans la détente que les graines germent
À leur rythme, lentement,
Plus c'est lent, plus c'est grand
Faire connaissance avec la patience
Faire connaissance avec la détente
Faire connaissance avec la confiance

Les graines sont plantées
À présent allons nous amuser
Laisser les aiguilleurs du ciel et de la terre prendre le relais
Ils nous ont entendus
Dans l'invisible ils œuvrent
Pour nous, pour notre œuvre
Nous, artistes de la vie,
Ainsi, d'action à contemplation
Observer tranquillement
La floraison.

Poème de l'aube

Ce matin à la fenêtre
Je te l'ai déjà dit peut-être

Ce matin à la fenêtre
Je suis bénie
Bénie par la lumière de l'aube
Par la fenêtre
Bénie par un arc-en-ciel
Je relève la tête
Il n'est plus
Il a disparu
Je l'avais vu
Éphémère
Beauté de l'instant
Ne ratez pas ce moment.

La voix/E de la sagesse

La voix de la sagesse
La voix de l'allégresse
Coquine, espiègle
Sourire enfantin
Regards joueurs
La sagesse est pleine de qualité
Elle n'est point fastidieuse
Elle n'est point sérieuse
Elle a un sens de l'humour
Elle est farceuse
Elle est taquine
Elle est maline

La voie de la sagesse
Un jeu à grande échelle
Trouver les indices
Suivre les pistes
Chercher les questions
Guetter les réponses
La voie de la sagesse
Un vrai jeu de piste
Un pouvoir incroyable
Tellement on n'y croit pas, que l'on oublie de jouer

Y croire pour s'amuser
Y croire pour vivre sans limite
Y croire pour se dépasser
Ne pas la craindre, ce n'est qu'un jeu
Un jeu à grande échelle
Explorer, grandir, devenir.

Angoisse

Angoissée, stressée
Désorientée
Je flotte dans un monde éloigné
Je suis rongée
Les éventualités défilent
Où la tête paraît vide
Angoissée
Peur inconnue ou connue
Un film passe, l'un après l'autre
Un film qui glace
Un film qui pétrifie
Un film qui peine
Les films défilent
L'angoisse monte
Vertiges s'enchaînent
Lourdeur de l'être s'accroît
La conscience s'ankylose

Libérez-moi !
Retirez-moi ces chaînes !
Libérez ma conscience
Ne plus avoir peur
Ne plus se soucier
Simplement apprécier
Les couleurs de l'existence
Légèreté retrouvée
À jamais la garder.

Corps

Peau si douce
Tu glisses sous mes mains
Chaque toucher une découverte
La caresse du lendemain

Ô corps dont je ne connais tous les codes
Apprends-moi
Oriente-moi
Guide-moi
Plus qu'un véhicule
Tu es force
Tu es frondeur
Tu es douceur
Sans toi, je n'avance
Sans toi la vie n'a point de sens

Tu es mon âme
Tu es mon cœur
Tu es l'amour et la beauté
Corps qui intrigue
Corps qui soucie
Corps qui appelle
Corps qui subit

Sonnette d'alarme
Réveille la conscience
Juge de nos caprices
Juge de nos trop-pleins
Tu ne mens point
Tu es vérité
Parfois difficile à avaler
Mais impossible à nier

Par l'écoute de ta sagesse,
J'apprends, je m'instruis, je m'éveille, je m'élève
Dépassé l'ego
Pour se réconcilier
Avec son corps, avec soi.

Merci à toi, ô joli corps
Merci de porter mon fardeau
Pardonne-moi de mon ignorance
Pardonne-moi de mon insouciance
Merci pour ta bienveillance
Jouir de la vie dans l'inconscience
L'inconscience de ton intelligence
Ô toi joli corps
Artisan toujours à l'œuvre, jamais au repos
Merci à toi, de prendre soin de moi
Merci ô joli corps
Merci Merci
Dans mon inconscience, tu es ma vérité.

Ami

Ami qui accepte
Ami qui sourit
Ami qui médit
Ami qui subit
Ami qui souffre en silence

Ami qui se cache derrière un masque
Le masque de la tête haute
Le masque où tout va bien parce qu'on n'a pas le choix
Le masque de la responsabilité
Le masque de la solidité, car il n'y a point de place pour la vulnérabilité
Nier sa souffrance
Prétendre que tout va bien
Alors que l'épuisement n'est pas loin

On subit, on projette,
On espère que l'autre va changer, que l'autre s'améliore
Pour que, au fond de nous, on puisse trouver la paix

Mais quoi qu'on dise, quoi qu'on fasse, cet autre n'entend pas, ne voit pas, ne comprend pas
Alors la colère monte, le trop-plein est proche

Chaque détail est une montagne
Mais en réalité la souffrance est interne, et non externe
Elle ne demande qu'à être entendue

Ôter enfin le masque
Accepter sa fragilité
Exprimer sa souffrance
La comprendre pour agir
Alors commence l'observation
Comprendre ce que nous devons changer
Pour réduire la colère, pour retrouver la paix
Établir de nouvelles frontières
Entendre ses besoins
Et les nourrir au quotidien

Ne plus attendre
Ne plus s'épuiser à changer ce qui nous entoure
On ne peut rien.
Se changer soi-même
Pour que le monde change à son tour
Le masque tombe
La vérité éclate
La paix est enfin gagnée.

Expérience mystique

Attention nouveau départ
Ça va chauffer
Nervosité ?
Que penser ? Que croire ?
Ne pas avoir de préjugés
S'ouvrir, se heurter sans limites
Expérience mystique
Hors jugement, hors temps
Mon cœur se remplit
De cette énergie mystique
Les larmes sortent
La vitesse est insaisissable
Je m'élève
Je m'étonne
Je frissonne
Expériences mystiques
Une conversation avec soi
Une conversation au-delà de soi
La joie monte
L'esprit s'élève
Le sang circule
Je me sens bien, même très bien
État joyeux, état extatique
Expérience mystique
Tout sauf un mythe.

Conversations I

Avec Jésus, avec Saint-Germain
Avec tous ces saints
Ils sont descendus, ils sont apparus
Dans leur forme filiforme
Dans leur forme uniforme
Dans leur non-forme
Transmettre un message
Une voix qui transcende
Une voix qui étonne
Une voix qui saisit
Vague d'énergie ou émotion ?
Réalité ou fiction ?
Est-ce vraiment une sensation ?
À deux reprises
Si subtile
Présence ressentie
L'esprit se braque
Ce n'est pas possible
Mais le message est si beau
« Je n'ai pas d'étiquette, je suis amour et compassion. Seule l'Histoire du monde physique m'a donné une étiquette. »
Puis survient l'alchimiste
L'alchimiste des énergies

Il décrit cette lumière violette
Cette lumière qui se dessine rarement, mais qui perce parfois le front
La description ne laisse aucun doute
C'est bien cette expérience qu'il présente
Bien une réalité cette flamme, quelle est son utilité ?

Conversations II

« La lumière n'est jamais seule »
« Impossible »
« Laisse le cœur aller dans ta direction
Dans la multidimension »
« Je tremble
Qui es-tu ? »
« Je suis la lumière que tu attends
Je suis la couleur de ton cœur
Je suis l'être de ton mal-être »
« Je tremble »
« N'aie pas peur. Tu n'es point seule
Tu me connais trop bien
Trouver la liberté. La seule mission.
Avouer ses erreurs. Avouer avoir un cœur. »
« J'attends »
« Qu'attends-tu ? »
« Plus de direction »
« Sois dans ton cœur. Sois dans ton être.
Amène l'amour à cette Terre. Le bien-être est si fragile.»
« Je suis détendue. Quel est mon mal-être ? »
« Que désires-tu ? Va, Vis, Regarde, Écoute, Chante les louanges de la création, la beauté de l'être. »
« Je me sens si petite »

« Tu es bien grande. Ne cherche pas loin. La simplicité est au coin. »

« Je suis calme »

« Sans connaître, on devient
Les miracles sont
Ne jamais désespérer
Trouver la porte avec la clé
La vie a un grand cœur
Désigner son bonheur
Sans l'être du paraître
La course continue
La magie s'opère
Va. Vis. Deviens.
Grande dans la pénombre
Regarde la vie dans un autre œil
Aujourd'hui, demain et chaque matin
Pas d'inquiétude
Ouvrir son œil.
Ouvrir la vue
Ouvrir la nouvelle fenêtre.

…

Derrière la fenêtre, il y a une porte
La voie est différente pour chacun
Attends le moment propice
Il n'y a pas d'indice
Doucement avance.
Regarder au loin peut aider
La télé est une idée
Ne pas courir comme un lièvre
Juste écoute la dimension sacrée
Avance à tâtons
Tel un aveugle dans ta réalité

Ne te méfie pas.
Ouvre ton cœur
Accueille avec envie.
À chaque pas, tu trouveras une nouvelle leçon.
Ne dis pas non.
Ouvre l'esprit. Mais le cœur est ta dimension.
Ne cherche point la clarté
C'est dans l'étrangeté
Inconnu tu ne peux connaître
Ainsi le cœur est l'esprit sans aucune fenêtre
Ne vois pas avec tes yeux
Regarde avec ton cœur
Ne juge pas l'esprit
Il n'y a pas de source sans un questionnement.»

« Comment !? »

Dimensions

Nouveau domaine,
Nouvelle dimension
Écoute les étoiles
Brillantes et libres
Elles entendent la mélodie
De la vie
Cours jamais à travers
Chante les louanges
Avoue tes faiblesses
Domine la tendresse
Avec le cœur
Jouissance du bonheur
Infini sans oubli
Pure beauté de la vie
Accompagner sans compter
Jouer avec les sens
Jouer avec les sensations
Jouer avec les pensées
Changer, voyager, explorer
Nouvelle dimension
Nouveauté explorée.

Un grand voyage

Un grand voyage, celui de l'explorateur
Sans un pas, sans un avion
L'explorateur observe
L'explorateur écoute
Il explore sans bouger
Seulement dans le ressenti
Seulement dans la respiration
L'explorateur apprend
Présence dans le corps
Écouter les messages
Explorateur de conscience
Explorateur d'âme
Chercher un trésor égaré
Conduit par son corps, sa boussole
Il ouvre les yeux sur un autre monde
Il ouvre l'esprit
Il ouvre le cœur
Explorateur
Explorateur qui n'a jamais fini d'explorer
Toujours plus loin
Toujours plus haut
Toujours du renouveau

Faisant à présent de l'ignorance la connaissance
Explorateur du matin
Explorateur du soir
Explorateur égaré
Explorateur assoiffé
Jolies excursions
Trop occupé à chercher
Les meilleures se dévoilent
Dans la relaxation
Explorateur de conscience
Un voyage dans l'existence.

Neediness

Le mot qui vient
Le mot qui suit
Le mot qui colle à la peau
J'ai beau l'ignorer
Il revient sans cesse
Méditer
Malgré moi, malgré mes efforts pour ne pas penser
La voix revient, l'inconfort, la pensée gagne du terrain jusqu'à devenir omniprésente.
Alors j'intègre cette pensée, je l'accepte. Quel est ton message ?

Neediness
Ce besoin constant de validation
Ce besoin de faire partie de
Ce regard en coin qui ne dit mot, mais qui exprime tant
Je ne le supporte pas
Ces yeux tristes qui ne demandent que compassion
Cet enfant caché qui cherche l'attention
Qui cherche l'approbation
Je ne le supporte pas
Et pourtant
Lui donner, se le donner
Pour pouvoir pardonner

Besoin de l'amour de l'autre
Ce geste pour combler une blessure
Cette quête dans l'autre
Je ne l'accepte pas
Ce besoin d'être apprécié pour ce que l'on a fait alors que l'autre n'a rien demandé
Ce geste d'attention,
Je ne l'accepte pas
Besoin d'attention qui nous vide, qui nous chante
Mon enfant réclame cette attention
Je la nie, je l'ignore,
Et pourtant
Lui donner avec un grand cœur
Le rassurer avec le langage du cœur
Au fond, à l'intérieur

Besoin d'amour
Ô quelle difficulté de l'admettre, de le reconnaître
Refus
Déni
Je suis okay.
Aucune tolérance à cette faiblesse
Chaque geste de l'autre manifestant ce besoin d'amour, je le refuse, je le regrette,
Il me blesse autant que l'autre
Je ferme la porte
Je ne t'ai rien demandé : va guérir ta plaie
Mais ta plaie est la mienne
Guérir ma propre plaie
Mon besoin d'amour
L'accepter, le lover
Mon besoin d'amour.

Besoin d'amour II

Besoin de tous les jours
Trop ignoré, trop refoulé
Toujours nié, pour ne pas flancher
Besoin d'amour
Reconnaître
Accepter
Embrasser
Pour recevoir
Pour pardonner.

Famille

Liens du sang, lien de chair
Liens qui vont bien plus loin
Qu'un simple lien
Famille
Le berceau de l'apprentissage
La découverte de la vie
Moments heureux
Moments malheureux
Chacun son expérience
La vie nous ouvre les portes
Où nous, seuls, savons où les trouver
Sortir, partir
C'est notre destinée
Mais revenir à la case départ
Pour comprendre
Pour apprendre
Pour évoluer
La famille est la source
La famille est le lien
Elle est le fil rouge
Qui guide vers sa destinée
Lire les indices
Écouter les émotions

Affronter son mal être
Affronter sa souffrance
Affronter ses peurs
Dans ce courage, on devient
Répéter, Répéter
Sans hésiter
La famille, berceau de l'apprentissage
Elle donne comme elle peut
Derrière se niche notre apprentissage
Dépasser ses souffrances
Écouter, observer, intégrer
Réaliser
Telle est la destinée.

Monde holographique

Le monde des idées
Continu sans idéaux
Amour dans l'être de nos chairs
Une vie rêvée, une vie pleinement vécue
À nous de la dévoiler
Une vie où tout est possible
Dans ce monde illusoire
Monde holographique
Où la 3D a été inventée
Mais la réalité est bien toute autre
Un grand mystère vide, invisible, infini.

Le monde des idées

Une après l'autre
La grande
Elle illumine
Elle éclaire
Elle excite
Elle active
S'enchaîne une suite d'idées
Dans cet état d'euphorie
État où tout est possible
Où tout est réalisable
Énergie infinie
Sans barrière ni frontière
Énergie qui me fait planer
Au-dessus de ma réalité
Excitation, agitation
Et puis si, et puis ça
Énergie du tout est possible
Impossible de redescendre
Impossible de trouver l'immobilité
Permets-moi de retrouver mon équilibre
Permets-moi de retrouver ma lucidité
Enfin calme, je vois avec discernement
Je prends l'idée, la façonne avec le cœur
Se concentrer sur l'énergie du centre
Sur l'énergie de la paix.

Amour amour

Amour dans mon cœur
Amour pour toujours
Fleur
Éclat
Joie
Viens à moi
Je t'attends dans la lumière de l'obscur
Lueur du cœur où joie brûle
Sans le vouloir je vibre
Sans l'attente du jour ou de la nuit
Avoir sans avoir
Être dans l'être
Sentir, subir, agir, s'ouvrir
Attention à la marche
Juste, proche, ne pas s'évanouir
Attendre, voir, pénétrer dans les ombres du subtil
Habile
Viens à moi
Je t'attends
Dans la nuit du subtil.

Attendre

Être las
Sans idée, sans forcer
Évanescence de l'oubli
Recrudescence de l'ennui
Ne pas oublier
Ouvrir sans chercher
La porte dont tu n'as la clé
Viens à moi
Recule, pas à pas
Dans l'autre sens, dans l'autre sens
Toujours au crépuscule
D'une nuit endiablée
Le jour se lève
La mousson tombe
Viens à moi
Ne point reculer
Viens à moi
Attendre dans le crépuscule
De la nuit jamais fatiguée.

La mélodie du cœur

Sentir son cœur se remplir de bonheur
À chaque inspiration,
Sensation ultime
Sensation de bien-être
Sensation de l'être
Inspiration qui va droit au cœur
Cœur qui répand
À tout tenant
Tout au loin
Tout un chacun
Un éveil acharné
Un éveil éveillé
Y a-t-il une mélodie du bonheur ?
Y a-t-il un amour pour toujours ?
Oublier pour ne rien cacher
À chaque voix, à chaque la
Un si reflète la chanson
Un si bémol
Un si créole
Ainsi va la vie
La mélodie de l'amour
La mélodie du cœur
La silencieuse

Si mélancolique
Si sifflotant
Si s'arrêtant
La mélodie du cœur
Elle se tait, elle se ressent, elle s'entend.

Intuition

J'écoute
Sans un bruit, sans une parole
J'écoute la réponse
Dans le silence, dans la détente
J'entends l'air qui sort
J'entends, j'attends
J'attends patiemment
Écriture intuitive
Équilibrer les narines
Vibrer au niveau du son
Sans aucune prétention
S'ouvrir à l'inconnu
Ne pas juger
Ne pas se dégonfler
Écriture intuitive
Laisser aller
Sans juger
Pour découvrir un nouveau son
Une nouvelle voix
Sa propre voix
La vraie
La vérité
Au-dessus de la colline

Décousu et recousu
Jamais déchu ou déçu
Mental intuitif
Mental récréatif
Mental à double vitesse
Mental non linéaire
Mental au saut quantique
Une autre façon d'être
D'être humain
Bien plus grand que la simple logique
Évoluer
Saisir l'élévation
Accéder à l'ascension
Devenir ce que l'on est
Destinée humaine.

Âme

Âme isolée
Âme recherchée
Âme retirée
Âme qui pleure
Âme qui se languit
Quand vas-tu me reconnaître ?
Quand vas-tu m'aimer ?
Âme cachée
Âme forte
Âme puissante
Âme patiente
Elle attend
Ton réveil
Gentiment
Sagement
Patiemment.

Le rêve

Petits matins
Rêves éblouis
Interrogent
Pourquoi cette sensation
Pourquoi cette réaction
Ça n'est qu'un rêve, nous dit-on ?
Pourtant si réel, si présent, si vrai !
Comment l'oublier ?
Comment ne pas y penser ?
Parce que ce n'EST pas qu'un rêve
C'est un rêve éveillé
Il y a davantage
Davantage à comprendre
Lire les messages
Décoder les réactions
Rien de honteux
Seulement la vérité
À dévoiler
Pour vivre mieux.

Tristesse nocturne

Tristesse de lune
Cachée derrière sa lumière
Emportée par une vague au vent
Tristesse de l'ombre
Tristesse dans l'oubli
Dans la nuit elle émerge
Dans la nuit elle submerge
Quand l'ombre vient à la lumière
Pour panser une plaie
Pour donner une vérité
Tristesse profonde
Tristesse bien gardée
Que la nature est bien faite
L'oublié devient vérité
Sortir de son déni
Pour porter ses fruits
Tristesse de la nuit
Tout sauf une hérésie.

Tristesse lunaire

Au visage si clair
Dont les traits restent cachés
Te voir dans la nuit
Te voir dans ta lumière
Ressurgissent les mémoires du passé
Pour enfin avancer
Tristesse lunaire
Un monde de l'oubli
Un monde de la mélancolie
Douceur féminine
Énergie lunaire
Énergie de la nuit
Viens caresser ma psyché
Pour enfin l'élever.

Méditation,
Allume une bougie. Regarde la flamme pendant 1 heure. Tu verras la couleur.

Communication

Communication dans la forêt
Dans les bois, les hêtres sont couverts
D'une mousse étanche
Étanche aux bruits, étanches aux sons
Courir pour s'échapper
D'un monde sans son, d'un monde sans chanson
D'un être pas encore fini
Fini dans l'infini
Savoir définir
La moindre limite
Qui permet d'échapper
À la beauté de l'instant
Trouver une candidate
Pour avouer ses blessures
À jamais dans le noir
Aucune vie sans rature
La chance sourit
À tous ceux qui s'ouvrent
À tous ceux qui sourient
À tous ceux qui bercent
Le cœur des autres dans le leur
Communication
Dans le désert le plus aride

Dans la nuit la plus sombre
Dans la vie la plus triste
La lumière est
Par la communication
Communiquez
Tout simplement.

Gratitude

Silence serein
Silence divin
Plénitude
Douceur de vivre
Gratitude
Un seul chemin
Celui de l'inconnu
Chaque pas dans l'instant
Paisible vie
Tranquille
Sérénité du matin
Gratitude du soir
Heureux de cette journée
Jamais dérangé
Gratitude de la vie
Gratitude de l'interlude
Connecté à tous
Merci à chacun
Une grande bonté
Un grand cœur
Pour notre bonheur.

Mélodie du bonheur

La flûte enchantée
La mélodie
L'arythmie
La jovialité
Musicalité aiguë
Musicalité déchue
Retrouver sa conscience
Par une meilleure insouciance
Délicate et si fraîche
Association de saveurs
Avec un bonheur au plus grand cœur
Jovialité
Rythmique de l'instant
Joie, saveurs
Goût du moment
Ah j'aime te voir
J'aime te sentir
Doux instant
Insaisissable et fugace
Mélodie du cœur
Mélodie du bonheur.

Pleine lune

Nuit de pleine lune
Éveillée, endormie
Elle brille
Elle bien ronde
Avec son sourire, sourire chaleureux
Sourire coquin, sourire espiègle
Toi si présente dans la nuit
Contraste de l'ombre à la lumière
Bienveillante
Douce, féminine
Aux premiers rayons, tu t'effaces
Mon sang se glace
Je ne te vois plus
Je t'ai perdue
Je ne te sens plus
Mais si présente tu es
À chaque instant
À jamais
Jolie lune
Je t'aime
J'aime ton sourire
J'aime ta couleur
J'aime ta rondeur

J'aime ta joie
J'aime la vie qui se défile
Sous ta lumière nocturne
Filant doucement dans cet écran céleste
Tourbillonne autour de notre terre azure
Tu es
Tu es aujourd'hui
Tu seras demain
Jolie lune
Que j'aime ta présence
Que j'aime te regarder
Je me sens bien
Te sentir pas trop loin.

Connaissance et méconnaissance

Choix et non-choix
La vérité du jeu
La vérité de la sagesse
Ne pas suivre les règles
Pour comprendre tous les niveaux
S'arrêter pour continuer
Ne pas sauter les étapes
Avoir du temps, toujours le temps
Ne pas s'inquiéter
Avouer les bavures
Ne point se cacher
Oublier les non-lois
Ni la foi ni le roi
À nous entendeurs
De trouver la voie
Pour illuminer le peuple
Pour illuminer la vie
Sur la prochaine étape
Étape du bonheur.

Connecter à son cœur

Tout ouïe
Tout inouïe
Savoir ralentir
Pour entendre chaque bruit
Les bruits les plus silencieux
Les plus subtiles
Écouter
Tendre l'oreille
Avoir la foi
La foi en nos cœurs
Pour des jours meilleurs
Trouver son cœur
Écouter l'instinct du cœur
Entendre les voix
Elles sont là
Sagesse de la sagesse
Viens à moi
Dans l'amour le plus profond
J'accueille chaque mot
Telle une fontaine de bien-être
J'aime t'entendre
J'aime ta voix.

Activité terrestre

Je souhaite revenir sur Terre
Mais je ne sais pas comment faire
Coincée dans mon activité
Activité de faire
Activité de résultat
Activité de souffrance dans l'attente d'un retour
Libérez-moi
Libérez-moi de ce besoin incessant de faire
Comment y croire ?
Comment se défaire
De cette activité conditionnée
Et renouer avec la création
Création sans conditions
Simple activité
Activité non obligatoire
Activité sans rien attendre
Rester neutre
Rester aimant
Ne rien attendre
Pour trouver la paix
Et se libérer de la souffrance.

Lâcher-prise

Manivelle qui tourne
Tourne en rond
Lâcher prise
Lâcher tout court
Envahie d'un doute ultime
Impossible de lâcher prise
Lien tendu des tendus
Une lueur sans lendemain
Lien si fort
Comment s'en détacher ?
Lâcher, tout lâcher
Sans se soucier de demain
Difficile sous l'emprise du doute
Difficile sous une conscience conditionnée
Un doute qui pèse
Un doute qui embrume
Seul l'état nous rappelle
Au fond sa lointaine présence
Tourner la page
Alors accepter
Accepter que ce chapitre soit bien terminé
Pour qu'un autre soit prêt à commencer
Accepter la fin pour accueillir le début

Ne s'échapper qu'en pensant aux joyeux lendemains
Quittez cette ancienne vie, quittez ce vieux moi, quittez cette addiction
Accueillir ce nouveau départ
Accueillir sa nouvelle identité
Accueillir l'inconnu aux jours meilleurs.

Lâcher-prise II

Lâcher-Prise
Toujours sous son emprise
Emprise consciente, emprise inconsciente
Poids sur la conscience
Tout lâcher
Glisser sans retenue
Naviguer sans harnais
Se libérer
Rencontrer la légèreté
Rencontrer la vie
Un destin qui fait envie.

Le flow II

La vie sans résistance
Telle une felouque qui glisse sur le Nil
Sans à-coup, sans bruit
En pure détente
Détente d'un moment
Détente jouissive
Se laisser porter
Au rythme du flow
À la vie sans écho
Sans chercher sans pousser
On trouve
Le chemin découle
La rive est levée
Au loin la destinée
Pas besoin de langueur
Juste un zest de bonheur
Ouvrir à la connaissance
À la connaissance de faire confiance
Tout ira pour se rendre
À destination.

Amplitude

Amplitude
Amplitude horaire
Amplitude de l'air
Amplitude fluviale
Amplitude
Amplitude de la vie
Amplitude de l'envie
Tout a une amplitude
Conserver une amplitude
Agrandir son amplitude
Tel est le but de la vie.

La lumière du matin n'a pas d'école

Elle se lève sans hésitation
Sans attente
Elle illumine le jour à venir
Le jour à gagner
Elle est la clarté et l'éclat
Elle donne vie à la vie
La lumière du matin n'a pas d'école
Elle s'ouvre à nous
Elle s'ouvre à vous
Elle ne cherche rien
Elle est
Lumière qui éclaire
Lumière qui s'endort
Pour, à nouveau, recommencer
Comme chaque matin.

Envie

Envie de rien
Envie de tout
Confusion et frustration
Complexité de l'être dans le mal-être
Trouver une échappatoire
Pour aspirer à la vie
Vivre mieux
Vivre lentement
Vivre
Changer d'adresse pour trouver la maladresse
Changer de lieux pour aller mieux
Déception au rythme du changement
Ailleurs n'est point ma solution
Voyage intérieur
Voyage de vie
Trouver l'envie dans son cœur
Et nulle part ailleurs.

Soif

Soif de rien
Soif de tout
Soif de tous les challenges
Soif de la vie
Envie de vivre
Envie de multi vies
Sans cesse se renouveler
Sans cesse découvrir
Ses nouvelles capacités
Les dons intérieurs
Les dons cachés
Les dons sacrés
Rien n'empêche
De les dompter
Croque, mange, crie,
Trouve la voie
Aime ces dons si forts, si doux, si présents
Accepte-les sans effort
Ne pas en avoir honte
Ne pas les nier
Trouver du réconfort
Dans le don
Dans l'acceptation
De sa grande faculté
D'être soi.

L'hiver est arrivé

Sur les toits gelés
La mousson frigorifiée
Une nouvelle saison
Une nouvelle raison
Pour commencer
À ralentir
À se blottir
Pour assimiler, tout ce que l'on a planté
L'hiver est arrivé
Sur les toits enivrés
Ralentir, contempler, intégrer
Agir dans une nouvelle dimension
Se blottir, se cajoler, s'aimer
Pour avancer.

Gratitudes

Je me sens pleine de gratitudes
Je suis reconnaissante envers moi-même
Pour ma volonté, mon courage, mon amour de moi

Je suis reconnaissante envers mes parents et mes ancêtres
Pour leur chemin parcouru
Pour la force qui les a portés dans une vie bien plus dure que la mienne
Pour leur bonté
Pour avoir été là
Pour avoir fait de leur mieux dans l'adversité
Je vous aime

Je suis reconnaissante envers toutes les âmes que j'ai rencontrées
Mes professeurs, Mes guides, Mes étudiants
Que ce soient des amis, des connaissances, des rencontres d'un instant
Tous, vous avez été mon enseignant

Je suis reconnaissante envers la Terre
Terre nourricière
Terre qui offre à qui sait l'observer ce que l'on a demandé
Terre qui pardonne
Terre qui guérit
Terre qui aime sans compter

Je suis reconnaissante envers le mystérieux
Cette part qui m'est encore incompréhensible
Mais qui est si présente
Merci à vous
Merci pour le soutien, pour votre aide sur mon chemin
Je suis dans de bonnes mains

Un grand merci à l'Amour
L'amour qui me porte
L'amour infini
L'amour inconditionnel
L'amour qui est là à qui sait ouvrir son cœur
Là à chaque instant pour l'éternité

Je suis reconnaissante au grand jamais
De ce corps qui me permet de vivre
De sentir, de toucher, de voir, de goûter, d'entendre
De me recueillir
Ce corps est mon temple
Je le garde sacré

Je suis reconnaissante au grand jamais.

Poèmes en anglais

I have a dream

I have a dream that, one day, we will act with love instead of fear

I have a dream that one day we will all know how to listen
Listening, not to reply, but to understand
Listening, not with the head, but with the heart

I have a dream that, one day, eyes will truly see, ears will truly hear, heart will truly feel
The cacophony of thoughts will be silenced to finally hear the subtle voice within, the voice of love
The hearts will open to embrace emotions and follow their guidance

I have a dream that, one day, everyone understands it is all about a belief

I have a dream that, one day, everyone takes the courage to confront their fears and heal their wounds to set themselves free to be and become

I have a dream that, one day, everyone understands strength does not lie in shielding oneself behind invisible walls, but in sharing one's vulnerability

I have a dream that one day, everyone opens up to the unknown

I have a dream that, one day, everyone understands the balance between doing and being

I have a dream that, one day, everyone experiences the profound beauty and wonder that life has to offer

I have a dream that, one day, humanity will alleviate suffering and understand true happiness is found in cherishing every moment along the path

I have a dream that, one day, we all realize that life is experienced through a multitude of perceptions, and by respecting and listening to these perceptions, our mind and heart expand further

I have a dream where it is no longer about competing against each other but living together

I have a dream that, one day, all of us understand that the problem does not lie in others but within ourselves
I have a dream that, one day we will all cultivate compassion, especially for ourselves
I have a dream that, one day, we will all speak our truths
I have a dream that, one day, we will all accept ourselves for who we are
I have a dream that, one day, we will all unlock the unique talents within each of us for the benefit of all

I have a dream that everyone finds their « why » to make the necessary changes we desperately need

I have a dream that everyone becomes the Martin Luther King of their own lives
I have a dream that it is not about billions of humans but about one humanity.
I have many dreams, so do you.
Let's make them come true.

Happiness and Freedom are within our reach.
Let's not turn them down.

What I am

Embracing the totality of what I am

I am light and shadow,
I am highs and lows,
I am sun and moon
I am protector and activator
I am beauty and ugliness
I am desire and fear
I am purity and sin
I am pride and shame
I am joy and sadness
I am north and south
I am life and death
I am a circle and a square
I am creator and destructor
I am hot and cold
I am the polarity of everything that is

Without East, there is no West
Without judgment there is no compassion
Without suffering, there is no happiness
Without chaos, there is no peace
Without negativity, there is no positivity

Without right, there is no left
Without stagnation, there is no progress
Without ignorance, there is no knowledge
Without avoidance, there is no courage
Without separateness, there is no togetherness
Without attachment, there is no detachment
Without impatience, there is no patience
Without effort, there is no ease
Without boredom, there is no novelty
Without anger, there is no passivity
Without failure, there is no success
Without suspicion, there is no trust
Without losing, there is no winning
Without denial, there is no acceptance
Without disease, there is no health
Without avarice, there is no generosity
Without profane, there is no sacred
Without extremes, there is no balance

I am sceptic, I am spiritual
I am ignorant, I am understanding
I am childish, I am wise
I am self-centered, I am caring
I am narrow-minded, I am open-minded
I am confused, I am enlightened
I am judgmental, I am compassionate
I am sad, I am joyful
I am stingy, I am generous
I am blunt, I am empathic
I am harsh, I am kind
I am dull, I am funny
I am inflexible, I am flexible

I am ordinary, I am extraordinary
I am arrogant, I am humble
I am a follower, I am a free spirit

This is what I am.
Above all, I am love. Love for all.

Thank you

Thank you for being who you are
Thank you for your love
Thank you for always seeking further
Thank you for your beautiful energy
Thank you for your big heart
Thank you for trying
Thank you for being you
Thank you for sharing your vulnerability
Thank you for your honesty
Thank you for making me feel good
Thank you for your childhood
Thank you for trying hard
Thank you for your commitment
Thank you for listening
Thank you for your humility
Thank you for seeking deeper
Thank you for your patience
Thank you for not taking things for granted
Thank you for being a beautiful human
Thank you
Thank you
Thank you
Love surrounds you.
Xx

Table des matières

Imprimé en France
Achevé d'imprimer en juillet 2024
Dépôt légal : juin 2024

Pour

Le Lys Bleu Éditions
40, rue du Louvre
75001 Paris